Reise um die Welt

Text: Simon Tudhope und Kirsteen Robson

Illustrationen: Sarah Horne

Gestaltung: Kate Rimmer

1

(1) **Welcher Wasserfall ist der höchste der Welt?**

a) Salto Ángel

b) Cascade Blanche

c) Röthbachfall

(2) **Wie heißt die Hauptstadt der USA?**

a) Washington, D.C.

b) Chicago

c) New York

(3) **Copacabana in Brasilien ist berühmt für:**

a) seine Hügellandschaft

b) seinen Strand

c) seine heißen Quellen

(4) **Unter welcher Flagge segelt ein Piratenschiff?**

Jolly Roger **oder** Union Jack?

5 Welchem Tier würdest du auf einer Tour durch den Regenwald nie begegnen?

a) Pfeilgiftfrosch

b) Nacktmull

c) Blutegel

6 Welche Himmelsrichtung steht auf einem Kompass dem Nordwesten gegenüber?

7 Was glaubst du: Arbeitet ein Schlangenbeschwörer in Indien mit einer echten Schlange?

8 Wie heißt das Boot, mit dem dieser Mann auf den Kanälen von Venedig fährt?

(1) **Wer erbaute die Akropolis?**

a) die Römer b) die Sachsen c) die Griechen

(2) **„Wüstenschiffe" sind ...**

a) Kamele b) Jeeps c) Luftkissenfahrzeuge

(3) **Chinesen stellen ein Fünftel der Weltbevölkerung.**

Richtig **oder** falsch?

(4) **Warum schenkte man der Frau, die 1912 über den Ärmelkanal flog, in den Medien so wenig Beachtung?**

a) Es war verpönt, dass Frauen fliegen.

b) Die *Titanic* war am Tag zuvor gesunken.

c) Niemand glaubte ihr.

(5) **Wer reist mit einem Schwarm Wildgänse durch Schweden?**

a) Kalle Blomquist

b) Nils Holgersson

c) Leif Eriksson

6 **Welchen Fabelwesen wird nachgesagt, dass sie Seeleute ins Verderben locken?**

a) Todesfeen b) Sirenen c) Harpyien

7 **Welcher der sieben Erdteile hat als einziger keine Wüste?**

a) Europa b) Asien c) Nordamerika

8 **New Orleans, die Jazz-Haupstadt Amerikas, ist auch bekannt als „Big …“?**

a) Apple b) Sleep c) Easy

9 **Wo befindet sich das Mare Tranquillitatis oder „Meer der Ruhe“?**

a) unter der arktischen Eisdecke

b) vor der australischen Küste

c) auf dem Mond

10 **Welcher Vulkan brach zur Zeit der alten Römer in der Nähe der Stadt Pompeji aus und legte sie in Schutt und Asche?**

a) Popocatepetl

b) Vesuv

c) Ätna

11 **Welchen Spitznamen haben Seeleute für den Meeresgrund?**

Kapitänsfriedhof **oder** Seemannsgrab?

3

1 Wo befinden sich die Pyrenäen?

a) Europa

b) Australien

c) Südamerika

2 Wie lange hat es in Teilen der Atacama-Wüste in Chile schon nicht mehr geregnet?

a) 4 Jahre b) 40 Jahre c) 400 Jahre

3 Welches Passagierflugzeug hat als Erstes die Schallmauer durchbrochen?

a) Spitfire

b) Concorde

c) Hurricane

4 Von wo aus starteten die Apollo-Missionen?

a) Houston

b) Roswell

c) Cape Canaveral

5 Was passt nicht in die Reihe?

a) Nordsee

b) Pazifik

c) Atlantik

6 **Wie heißt die Hauptstadt Perus?**

a) Tunis b) Kingston c) Lima

7 **Wer „appariert", wenn er reisen will?**

a) Lord Voldemort
b) Captain Kirk
c) Darth Vader

8 **Wo steht die Basilius-Kathedrale?**

a) Finnland
b) Russland
c) Schottland

9 **Wie viele Menschen leben auf der Erde?**

a) 7,5 Milliarden
b) 10,3 Milliarden
c) 13 Milliarden

10 **Welchen dieser Orte gibt es NICHT?**

a) Transsilvanien b) Sansibar c) Walhalla

1 Wie hießen die Brüder, die vor über 200 Jahren den Heißluftballon erfanden?

a) Montgolfier
b) Grimm
c) Jackson

2 Wie heißt die größte Wüste der Welt?

a) Sahara
b) Antarktis
c) Arabische Wüste

3 Wofür ist Pisa berühmt?

a) für einen schiefen Turm
b) für eine Skulptur, die auf dem Kopf steht
c) für einen Brunnen ohne Boden

4 Welches Fabelwesen ist auf der walisischen Flagge abgebildet?

a) Einhorn b) Greif c) Drache

5 **Wo kannst du in einem Hotel aus Eis übernachten?**

a) Schweden b) Jordanien c) Malaysia

6 **Die Flagge welchen Landes hat in der Mitte ein Rad?**

a) Indien
b) Kuba
c) Japan

7 **Unter welchem Namen sind die Angehörigen der Royal Canadian Mounted Police besser bekannt?**

8 **Wo ist der Mount Everest?**

a) Indien
b) Burma
c) Nepal

9 **Wo liegt der Baikalsee, der tiefste See der Welt?**

a) Norwegen
b) Russland
c) Island

1. **Wo gibt es religiöse Tänzer, die auch „tanzende Derwische" genannt werden?**
   a) Mexiko
   b) Türkei
   c) Russland

2. **Wo ist der Olymp?**
   a) Griechenland b) Italien
   c) Bulgarien

3. **Welche Sprache wird weltweit von den meisten Menschen gesprochen?**
   a) Arabisch b) Englisch
   c) Chinesisch

4. **Welches Wort passt nicht in die Reihe?**
   a) Brasilien
   b) Tokio
   c) Schweden

5. **In welchem Land liegen Marrakesch und Casablanca?**
   a) Marokko
   b) Sudan
   c) Tschad

6 **In welchem Land befindet sich der Shaolin-Tempel, in dem einige der besten Kampfsportler der Welt ausgebildet werden?**

a) Thailand

b) China

c) Japan

7 **Kannst du diese Länder von Norden nach Süden in die richtige Reihenfolge bringen?**

a) Mongolei

b) Norwegen

c) Fidschi

8 **Wie schnell bewegt sich die Erde um die Sonne?**

a) mit ungefähr 10 000 km/h

b) mit ungefähr 100 000 km/h

c) mit ungefähr 1 000 000 km/h

9 **Wo befindet sich an einem Schiff der Bug?**

Vorne **oder** hinten?

1. **Können Passagiere in einem Flugzeug überleben, das vom Blitz getroffen wird?**

2. **Wann triffst du bei einer Safari am ehesten auf Tiere, die an einem Wasserloch trinken?**
   Morgens und abends **oder** mittags?

3. **Welche Zivilisation hat die Pyramiden im mittelamerikanischen Regenwald gebaut?**
   a) Kelten b) Apachen c) Maya

4. **Wo ist der Himalaja?**
   a) Asien
   b) Afrika
   c) Ozeanien

5. **In welchem Land sind Waffeln mit Ahornsirup sehr beliebt?**
   a) Kanada
   b) Philippinen
   c) Deutschland

6. **Wie heißt der höchste Berg der Welt?**
   a) Kilimandscharo
   b) Mount Everest
   c) K2

7. **Was meint ein Mexikaner, wenn er „Hallo, Gringo!" ruft?**
   a) Hallo, Ausländer!
   b) Hallo, Dicker!
   c) Hallo, Freund!

8. **Welches dieser südamerikanischen Länder ist am größten?**
   a) Argentinien
   b) Ecuador
   c) Brasilien

9. **Wie heißt die Hauptstadt von Neuseeland?**
   a) Johannesburg
   b) Melbourne
   c) Wellington

1. **Benutzen Stierkämpfer beim Stierkampf ein ...?**
   a) schwarzes Tuch   b) blaues Tuch   c) rotes Tuch

2. **Wie nennt man das zweibeinige, behaarte Fabelwesen, das angeblich im Himalaja lebt?**
   a) Yeti   b) Yogi   c) Yono

3. **Welches ist das größte Land in Afrika?**
   a) Südafrika   b) Madagaskar   c) Algerien

4. **Wie heißen die Hüte dieser mexikanischen Musiker?**
   a) Stetsons
   b) Sombreros
   c) Melonen

5 **Ergänze den Namen dieser alten Befestigungsanlage:**

C _ _ _ _ _ _ _ _ _ _

M _ _ _ _

6 **Wer liegt in Ägypten im Tal der Könige begraben?**

a) Julius Cäsar
b) Tutanchamun
c) Salomon

7 **Wie wird man im kanadischen Montreal begrüßt?**

a) Hello!
b) Bonjour!
c) ¡Hola!

8 **Welches der folgenden Länder ist NICHT Teil Großbritanniens?**

a) England
b) Irland
c) Schottland
d) Wales

1. **Wo liegt der Ort, an dem sich einst Troja befand:**
   im heutigen Griechenland **oder** in der heutigen Türkei?

2. **Wie heißt die traditionelle Kleidung, die man in Japan zu besonderen Anlässen trägt?**
   a) Kimono b) Toga c) Kaftan

3. **Was sagt man in England, wenn jemand niest?**
   a) Good luck!
   b) Farewell!
   c) Bless you!

4. **Was ist schneller:**
   Licht **oder** Schall?

5. **Welcher Kontinent ist der größte?**
   a) Amerika
   b) Afrika
   c) Asien

6 **Welches Wahrzeichen ist älter:**
der Eiffelturm **oder** die Freiheitsstatue?

7 **Der größte Ozean der Welt ist ...**
a) der Atlantische Ozean
b) der Pazifische Ozean
c) der Indische Ozean

8 **Welcher Romanheld lebt als Schiffsbrüchiger auf einer karibischen Insel?**
a) Robinson Crusoe b) Don Quichotte c) Gulliver

9 **Der Sand an weißen Sandstränden ist NICHT aus zermahlenen ...**
a) Fischgräten b) Korallen c) Muscheln

1 **An welchem der beiden Erdpole befindet sich Festland unter dem Eis?**

2 **„Ich war das größte und luxuriöseste Schiff, das je gebaut wurde. Sie sagten, ich sei ‚unsinkbar'. Aber auf meiner ersten Fahrt rammte ich einen Eisberg und sank."**

Wer bin ich?

3 **In welcher italienischen Stadt wurde die Pizza erfunden?**

a) Mailand

b) Neapel

c) Pisa

4 **Welcher Fluss in Deutschland ist der längste?**

a) Rhein

b) Donau

c) Main

5 **Wenn du von Osten nach Westen über die internationale Datumsgrenze schreitest, bist du dann einen Tag zurück oder schon einen Tag weiter?**

6 **Ergänze den Namen für das Leuchten, das man im Norden Skandinaviens am Nachthimmel sehen kann.**

N _ _ _ L _ _ _ _ _

7 **Besteht die Oberfläche der Erde zum größeren Teil aus Festland oder zum größeren Teil aus Meer?**

8 **Welche englische Stadt am Meer ist bekannt für *Fish and Chips* und *Dracula*?**

a) Brighton

b) Blackpool

c) Whitby

9 **Welches Tier lebt in Kenia?**

a) Wolf

b) Wombat

c) Warzenschwein

1 Welcher Ozean trennt Südamerika und Afrika?

a) der Atlantische Ozean b) der Arktische Ozean
c) der Pazifische Ozean

2 Piloten messen die Geschwindigkeit ihrer Flugzeuge in ...

a) Lichtjahren b) Knoten c) Flugmeilen

3 Wo sind die Rocky Mountains?

a) Europa
b) Ozeanien
c) Nordamerika

4 Ziehe in Gedanken eine Linie um die italienische Küste. Woran erinnert dich dein Bild?

a) an ein Schiff
b) an ein T-Shirt
c) an einen Stiefel

5 **Welche dieser drei Hauptstädte liegt am südlichsten?**

a) Berlin b) Helsinki c) Mogadischu

6 **Welchen Bären gibt es in Kanada NICHT?**

a) Grizzlybär b) Pandabär c) Eisbär

7 **Wie heißen die Sommerstürme, die 80 % des jährlichen Regens in Indien bringen?**

a) Monsun b) Taifun c) Zyklon

8 **Welches traditionelle russische Instrument sieht aus wie eine dreieckige Gitarre?**

a) Mandoline

b) Balalaika

c) Drehorgel

11

(1) **Wie fühlt es sich an, wenn man in einem Iglu übernachtet?**

a) wie in einer Gefriertruhe im Supermarkt
b) wie in einem großen Kühlschrank
c) wie in einem warmen Ofen

(2) **„Ich habe zwei große orangefarbene Zähne, kann Bäume fällen und bin das kanadische Nationaltier."**

Welches Tier bin ich?

(3) **Welche Hunde können Schlitten ziehen?**

a) Huskys
b) Dalmatiner
c) Bluthunde

(4) **Ist es tagsüber immer sonnig über den Wolken?**

5 **Welcher Fluss ist der längste der Welt?**

a) Amazonas b) Nil c) Jangtsekiang

6 **In welcher Stadt landen die meisten Jumbojets pro Jahr?**

a) New York b) Peking c) London

7 **„Ich verfärbe mich morgens und abends rot und wiege vier Millionen Tonnen. Manche nennen mich Ayers Rock."**

Was bin ich?

8 **Aus welchem Land stammt das Blasinstrument Didgeridoo?**

a) Australien

b) Kenia

c) Brasilien

12

(1) Samarkand ist eine Wüstenstadt in Usbekistan. Durch welche Handelsroute wurde sie zu einer der reichsten Städte der Welt?

a) Seidenstraße
b) Baumwollstraße
c) Nylonstraße

(2) Was eignet sich besser, um die Größe zweier Länder zu vergleichen:
ein Globus **oder** eine Landkarte?

(3) Welches Land hat den Weißkopfseeadler als Wappentier?

a) Ägypten   b) Italien   c) USA

(4) Die Menschen in China essen normalerweise mit:

a) Messer und Gabel   b) Stäbchen   c) Fingern

5 Welcher Mensch flog als Erster allein über den Atlantik?

a) Charles Lindbergh
b) Neil Armstrong
c) James Cook

6 Welcher dieser drei Züge ist der schnellste?

a) Shinkansen (Japan) b) TGV (Frankreich)
c) ICE (Deutschland)

7 Welche Seite eines Schiffes ist die Steuerbordseite:
die linke **oder** die rechte?

8 Wo fangen Fischer mit dressierten Vögeln Fische?

a) Usbekistan b) Äthiopien c) China

13

1. **Welche Großkatze könnte dir im Amazonas-Regenwald begegnen?**

   a) Tiger b) Löwe c) Jaguar

2. **Antoni Gaudí begann 1882 mit dem Bau dieser Kirche. Und sie ist immer noch nicht fertig. Wo steht sie?**

   a) Manchester b) Barcelona c) Dublin

3. **Moderne Passagierflugzeuge können einmal um die Erde fliegen, ohne zwischenlanden zu müssen.**

   Richtig **oder** falsch?

4. **Wo liegt das Tal des Todes, die heißeste Wüste der Welt?**

   a) Australien
   b) Südafrika
   c) USA

5. **Wie heißt die Hauptstadt Griechenlands?**

   a) Olympia
   b) Athen
   c) Troja

(6) **Hier steht das Wort „Achterbahn“ in drei Sprachen mit ihren jeweils eigenen Schriftzeichen. Welche Zeichen gehören zu welcher Sprache?**

a) 雲霄飛車
b) ジェットコースター
c) أفعوانيّة

1) Arabisch
2) Chinesisch
3) Japanisch

(7) **Liegt Hollywood an der Ost- oder an der Westküste der USA?**

(8) **In welchem Gebiet im Atlantischen Ozean sind Schiffe schon auf Nimmerwiedersehen verschwunden?**

a) Jamaikazirkel
b) Bermudadreieck
c) Haiti-Areal

(9) **Womit haben sich die Ureinwohner Amerikas fortbewegt?**

a) Jachten
b) Kanus
c) Schlauchboote

1 Was ist der Feuerring?

a) ein Vulkangürtel um den Pazifischen Ozean herum
b) ein Lavafluss am Ätna
c) eine Achterbahn im Disneyland in Florida

2 Wessen Leichnam ist seit 1924 auf dem Roten Platz in Moskau aufgebahrt? Der Leichnam von ...

a) Karl Marx
b) Wladimir Iljitsch Lenin
c) Josef Stalin

3 Welche beiden Länder verbindet der Eurotunnel?

4 Welche Stadt ist für ihre gelben Taxis berühmt?

5 **Wo kannst du Kängurus in der freien Wildbahn sehen?**

a) Spanien b) Indien c) Australien

6 **Peking ist die Hauptstadt von ...**

a) China b) Madagaskar c) Pakistan

7 **Wie lang ist der Äquator?**

a) 400 000 km
b) 40 000 km
c) 4000 km

8 **In Indien kannst du dich in einem dieser Fahrzeuge herumfahren lassen. Wie heißen sie?**

a) Pedalos
b) Rikschas
c) Gondeln

1 **Welche Stadt sieht nachts so aus?**

a) Mumbai

b) Wien

c) Tokio

2 **Aus welchem Land kommt die Paella?**

a) Spanien b) Mexiko

c) Frankreich

3 **Baseball ist die beliebteste Sportart in Kanada.**

Richtig **oder** falsch?

4 **Im Irak befinden sich die Ruinen einer alten Stadt. Wie heißt sie?**

a) Troja

b) Atlantis

c) Babylon

5 **Wo steht das Empire State Building?**

a) Madrid

b) New York

c) Toronto

(6) **Welchem Tier würdest du auf keinen Fall in der afrikanischen Wildnis begegnen?**

a) Krokodil b) Giraffe c) Tiger d) Löwe

(7) **Wo kannst du mit Yuan bezahlen?**

a) Nigeria b) Indonesien c) China

(8) **Ergänze den Namen des längsten Flusses in Nordamerika.**

_ I _ _ I _ _ I _ _ I

(9) **Wer wohnt angeblich im verschneiten Lappland am Nordpol?**

a) der Weihnachtsmann

b) der Grinch

c) der Yeti

(10) **Marokkanische Eintöpfe kocht und serviert man in einem Tongefäß. Wie heißt es?**

a) Wok

b) Tajine

c) Balti

1 **Leben Tasmanische Teufel in Tasmanien?**

2 **Wo sitzt der Pilot eines Jumbojets?**

a) in der Kabine b) im Frachtraum c) im Cockpit

3 **Wie sagt man „Auf Wiedersehen“ auf Japanisch?**

a) Konnichiwa b) Sayonara c) Saru

4 **Wer reitet auf Dromedaren durch die Wüste und betreibt Handel?**

a) die Sioux

b) die Beduinen

c) die Kosaken

5 Welchen Flussnamen gibt es NICHT?

a) Blauer Nil b) Grüner Nil c) Weißer Nil

6 Wenn ein Seemann auf einer einsamen Insel zurückbleibt, dann ist er ...?

a) gekentert b) gestrandet c) versenkt

7 Was ist ein Bathyskaph: ein Wetterballon für die Stratosphäre **oder** ein Tiefseetauchgerät?

8 Washington, D.C. in den USA gehört NICHT zu einem Bundesstaat. Richtig **oder** falsch?

9 Was geschah 1979 in der Wüste Sahara?

a) ein Meteoriteneinschlag
b) ein großes Erdbeben
c) Schneefall

10 „Sandhose" ist eine Bezeichnung für welches Naturphänomen?

a) Strudel
b) Wirbelsturm
c) Hurrikan

1. **Welche Frau überquerte als erste Pilotin den Atlantischen Ozean im Alleinflug?**
   a) Amelia Earhart
   b) Eleanor Roosevelt
   c) Katharine Hepburn

2. **Wo wird es als unhöflich angesehen, wenn man einer anderen Person seine Schuhsohle zeigt?**
   a) Nordamerika b) Naher Osten c) Ozeanien

3. **Kanada hat zwei offizielle Sprachen, eine davon ist Englisch. Welche ist die zweite?**
   a) Spanisch b) Schwedisch c) Französisch

4. **Mit welchen Schiffen gingen die Wikinger auf Raubzüge?**
   a) mit Fregatten b) mit Langschiffen c) mit Kajaks

5 **Wohin war die *Titanic* unterwegs, als sie einen Eisberg rammte und sank?**

a) nach New York
b) nach Liverpool
c) nach Kapstadt

6 **Wie heißt der größte See in Südamerika?**

a) Titicaca
b) Titihaha
c) Tititata

7 **Auf welchem Berg waren die griechischen Götter angeblich zu Hause:**
auf dem Olymp **oder** auf dem Berg Sinai?

8 **Wer zieht den Schlitten des Weihnachtsmannes?**

a) Pferde b) Rentiere c) Ochsen

1. **Du erblickst in der Wüste eine Oase, die verschwindet, sobald du dich ihr näherst. Was hast du wirklich gesehen?**

   F_ _ _ M_ _ _ _ _ _ _

2. **Wer baute das Kolosseum?**

   a) Ägypter
   b) Mongolen
   c) Römer

3. **Wie heißt die Hauptstadt von Großbritannien?**

   a) Leeds b) Bristol c) London

4. **Was wirst du auf einer Speisekarte in Argentinien am ehesten finden?**

   a) Steak
   b) Kaviar
   c) Schildkrötensuppe

5 **Wo kannst du auf dem Wasser „liegen“ und lesen, ohne unterzugehen?**

a) See Genezareth b) Rotes Meer c) Totes Meer

6 **In welchem Land kannst du ein Boot mieten und auf dem Nil segeln?**

a) Ägypten b) Libyen c) Kamerun

7 **Wie lange dauert ein Direktflug von Frankfurt nach Sydney?**

a) 10 Stunden b) 16 Stunden c) 21 Stunden

8 **Züge in Indien sind meist brechend voll. An jedem Bahnhof springen Jungen an Bord und verkaufen Tee. Wie nennt man sie?**

a) Chai-Wallahs
b) Rikscha-Wallahs
c) Dhobi-Wallahs

1 **Wo befinden sich die höchsten Klippen der Welt, die so hoch sind wie ein Gebäude mit 270 Stockwerken?**

a) Hawaii b) Island c) Griechenland

2 **Nenne den südlichsten Kontinent.**

3 **Wo steht der Tadsch Mahal?**

a) Indien b) China c) Iran

4 **Wie viele Sterne sind auf der Flagge der USA?**

a) 5
b) 20
c) 50

5. **Wer war der erste Mensch im Weltraum?**
   a) Neil Armstrong b) Juri Gagarin
   c) James T. Kirk

6. **Welchen Ozean musst du überqueren, um von Neuseeland nach Peru zu segeln?**
   a) den Pazifischen Ozean
   b) den Atlantischen Ozean
   c) den Indischen Ozean

7. **Wo sind die Anden?**
   a) in Asien b) in Europa c) in Südamerika

8. **Wie heißt die Hauptstadt Spaniens?**
   a) Sevilla b) Madrid c) Barcelona

1 **Welche Farbe hat das Trikot des Radfahrers, der die Tour de France anführt?**

a) Rot b) Gelb c) Blau

2 **Welches Land hat eine weiße Flagge mit einem roten Kreis in der Mitte?**

a) Kanada b) Japan c) Türkei

3 **Welcher Pol ist im Durchschnitt kälter:**
der Nordpol **oder** der Südpol?

4 **Wenn es im westrussischen St. Petersburg 13 Uhr ist, wie spät ist es dann im ostrussischen Jakutsk?**

a) 13 Uhr b) 17 Uhr c) 21 Uhr

5 **Wie nennt man die Ureinwohner Neuseelands?**

a) Zulu b) Maori c) Apachen

6 **Welche Sprache spricht man in Brasilien?**

a) Französisch b) Spanisch c) Portugiesisch

7 **Wo befindet sich die Große Sandwüste?**

a) USA
b) Argentinien
c) Australien

8 **Wo gibt es solche Märkte auf dem Wasser?**

a) Ecuador
b) Thailand
c) Sudan

21

1 Was ist auf der kanadischen Flagge zu sehen?

a) ein Schwarzbär

b) ein Ahornblatt

c) eine Tanne

2 Welche Menschen aus der Ukraine und aus Südrussland führen diesen Tanz auf?

a) Magyaren

b) Tartaren

c) Kosaken

3 Was ist das größte Problem, wenn man in der Antarktis im Winter ein Foto machen möchte?

a) Es ist zu kalt.

b) Es gibt kein Licht.

c) Es verärgert die Pinguine.

4 Liegt Japan näher am Nord- oder am Südpol?

5 **Wie viele Länder gibt es ungefähr auf der Welt?**

a) 100 b) 200 c) 300

6 **Welches Schiff trieb völlig verlassen im Ozean, ohne Schaden am Schiff und ohne Mannschaft?**

a) die *Mary Celeste*
b) die *Victory*
c) die *Santa María*

7 **Welches dieser Verkehrsmittel wurde zuerst, welches als zweites und welches zuletzt erfunden?**

a) Motorrad b) Eisenbahn c) Flugzeug

8 **Auf welcher Insel im Pazifischen Ozean kann man diese alten Statuen sehen?**

a) Osterinsel
b) Weihnachtsinsel
c) Dreikönigsinsel

1. **Wenn in Spanien ein besorgt wirkender Mann „¡Mi toro se ha escapado!" ruft, dann bedeutet das:**
   „Meine Uhr wurde gestohlen!" **oder**
   „Mein Stier ist ausgebrochen!"

2. **Welches dieser Länder liegt NICHT in Afrika?**
   a) Zimbabwe b) Guatemala c) Somalia

3. **Wie heißt der Weihnachtsmann in Russland?**
   Väterchen Nacht **oder** Väterchen Frost?

4. **An Norwegens Küste gibt es unzählige enge, von steilen Felsen umschlossene Meeresarme. Wie nennt man sie?**
   a) Mündungen b) Reservoirs c) Fjorde

5 **War die Barbareskenküste in Nordafrika bekannt für Diamanten oder für Piraten?**

6 **Wo ist Llanfairpwllgwyngyllgogerychwyrndrobwllllantysiliogogogoch, das Dorf mit dem längsten Namen in Europa?**

a) Irland
b) Wales
c) Weißrussland

7 **Wohin zeigt die Kompassnadel, wenn du am magnetischen Nordpol stehst?**

a) Sie zeigt Richtung Süden.
b) Sie will nach unten zeigen.
c) Sie dreht sich ununterbrochen.

8 **Wo kannst du den Big Ben besichtigen?**

a) Amsterdam b) Barcelona c) London

9 **Wie heißen die Ureinwohner Australiens?**

a) Aborigines b) Inuit c) Komantschen

1 **Eine antarktische Forschungsstation registrierte die niedrigste Temperatur aller Zeiten. Wie kalt war es?**

a) – 40 °C
b) – 60 °C
c) – 90 °C

2 **Welches europäische Land ist am größten?**

a) Ukraine b) Frankreich c) Spanien

3 **Womit flog Han Solo in Star Wars?**

a) Todesstern
b) TIE-Jäger
c) Millenium-Falke

4 **Ist es möglich, dass ein Eisbär in freier Wildbahn einen Pinguin frisst?**

5 **Welcher dieser Erdteile liegt komplett auf der nördlichen Halbkugel?**

a) Afrika
b) Australien
c) Europa

6 **Ist „Rauch, der donnert" eine Übersetzung des Namens für den größten Wasserfall oder den größten Vulkan der Welt?**

7 **Die tiefste Stelle der Weltmeere ist das Challengertief im Marianengraben. In welchem Ozean befindet es sich?**

a) im Atlantischen Ozean b) im Indischen Ozean
c) im Pazifischen Ozean

8 **Welche Pinguinart gibt es NICHT?**

a) Goldschopfpinguin
b) Fürstenpinguin
c) Eselspinguin

9 **Was sagte der Journalist Henry Morton Stanley 1871, als er den verschollen geglaubten Forscher David Livingstone endlich in Afrika aufgespürt hatte?**

a) „Ich habe so viele Meilen zurückgelegt, um Sie zu finden."
b) „Ich bin sehr erfreut, Sir, endlich Ihre Bekanntschaft zu machen!"
c) „Dr. Livingstone, nehme ich an?"

1 **Bis 1896 musste in Großbritannien vor jedem Fahrzeug ein Mann gehen und eine rote Flagge schwenken. War das ein ...**

a) Polizist? b) Soldat? c) Richter?

2 **Mit welcher Rakete flogen zum ersten Mal Menschen zum Mond?**

a) Apollo 1 b) Apollo 11 c) Apollo 13

3 **Wo kann man die Ruinen der alten Inkatempel sehen?**

a) Asien b) Europa c) Südamerika

4 **Wie nennt man die kleinen gefüllten Reisröllchen, die man in japanischen Restaurants essen kann?**

a) Sushi
b) Saki
c) Kamikaze

5 **Auf welcher Insel war der Sage nach das Monster Minotaurus in einem Labyrinth gefangen?**

a) Korsika b) Sizilien c) Kreta

6 **Wie lange würde ein Passagierschiff von New York nach Southampton in England brauchen?**

a) einen Tag b) eine Woche c) einen Monat

7 **Welcher Bär aus einem Kinderbuch wurde an einem Bahnhof gefunden und hat eine besondere Vorliebe für Orangenmarmelade?**

a) Yogi b) Paddington c) Balu

8 **Wo befindet sich die Blaue Lagune, die von einem Vulkan erwärmt wird?**

a) Island b) Irland c) Israel

(1) Als Neil Armstrong die Mondoberfläche betrat, sagte er: „Das ist ein kleiner Schritt für einen Menschen, aber ...

a) ein riesiger Sprung ins Unbekannte."
b) ein riesiger Sprung für die Sterne."
c) ein riesiger Sprung für die Menschheit."

(2) Was soll angeblich im Militärstützpunkt Area 51 in den USA versteckt sein?

a) ein Spionageflugzeug b) ein UFO c) ein Flugsaurier

(3) Wohin führt in einem Kinderbuch der „gelbe Ziegelsteinweg"?

a) in die Smaragdstadt b) ins Nimmerland
c) nach Hogwarts

(4) Je schneller man reist, desto langsamer vergeht die Zeit.

Richtig **oder** falsch?

5 **Wo steht Schloss Neuschwanstein?**

a) Österreich
b) Deutschland
c) Schweiz

6 **Was war früher auf der Insel Alcatraz?**

a) ein Hochsicherheits-gefängnis
b) ein psychiatrisches Krankenhaus
c) ein Kloster

7 **Welche Gebirgskette ist die längste der Welt?**

a) Anden b) Himalaja c) Rocky Mountains

8 **Rom ist die Hauptstadt welchen Landes?**

a) Türkei b) Rumänien c) Italien

1. Du willst auf Safari gehen, um Giraffen zu sehen. Reist du dazu besser in den Norden oder in den Süden Afrikas?

2. Wo würdest du ungefähr herauskommen, wenn du in Madrid ein Loch durch die Erde bohren würdest?

   a) in Argentinien   b) in Neuseeland
   c) in Russland

3. Ist es am Äquator heiß oder kalt?

4. Welche Stadt ist für ihre roten Doppeldeckerbusse berühmt?

   a) London   b) Paris   c) New York

5. Gibt es Flugzeuge, die auf dem Wasser starten können?

6 **Welchen dieser Flüsse gibt es NICHT wirklich?**

a) Don
b) Styx
c) Jordan

7 **Wo gilt es als unhöflich, wenn man seinen Teller leer isst, weil es darauf hinweist, dass man nicht genug bekommen hat?**

a) China b) Schottland c) Iran

8 **Wie lange dauert ein Flug von Tokio nach New York?**

a) 2 Stunden b) 6 Stunden c) 12 Stunden

9 **Wer war der erste Mensch, der den Südpol erreichte?**

Roald Amundsen **oder** Roald Dahl?

10 **Du sitzt im südenglischen Cornwall am Strand und schaust nach Westen. Welches Land liegt in dieser Richtung?**

a) Irland b) USA c) Kanada

1. **Welcher Filmheld suchte in der alten Stadt Petra im Nahen Osten den Heiligen Gral?**
   a) Indiana Jones
   b) Luke Skywalker
   c) Lara Croft

2. **Wie heißt die Hauptstadt von Australien?**
   a) Sydney
   b) Melbourne
   c) Canberra

3. **Wo befindet sich die San-Andreas-Verwerfung?**
   a) Kanada
   b) USA
   c) Mexiko

4. **Wo kannst du mit Rubel bezahlen?**
   a) Russland b) Indien c) Polen

5. **Welches ist KEIN mexikanisches Gericht?**
   a) Guacamole
   b) Fajitas
   c) Calamares

(6) An welchem Bahnhof und welchem Bahnsteig fährt der Hogwarts-Express ab?

a) Euston Station, Bahnsteig 4 1/2

b) Charing Cross Station, Bahnsteig 7 2/3

c) King's Cross Station, Bahnsteig 9 3/4

(7) Welche Fluglinie hat ein Känguru auf ihren Flugzeugen?

a) British Airways b) Qantas c) Lufthansa

(8) Welches Land ist das kleinste der Welt?

a) Monaco b) Liechtenstein c) Vatikanstadt

(9) Wo entdeckte Charles Darwin unzählige Riesenschildkröten?

a) Galapagosinseln b) Barbados c) Seychellen

1 **Welches Land ist das größte der Welt?**

a) China
b) Russland
c) USA

2 **Wo befinden sich die Ruinen des alten Ägypten?**

a) Afrika
b) Ozeanien
c) Südamerika

3 **Was kannst du in Spanien sehen:**
Stierkämpfe **oder** Gladiatorenkämpfe?

4 **Welches Land liegt NICHT in Europa?**

a) Iran b) Ukraine c) Estland

5 **Wie heißt dieser riesige Canyon in den USA?**

6 **Wenn ein Segelschiff in eine Flaute gerät, was passiert dann?**

a) Es wird unglaublich schnell.

b) Es stoppt beinahe.

c) Es sinkt.

7 **Welche dieser Tiere sind NICHT in den Wäldern Ostrusslands unterwegs?**

a) Tiger b) Bären c) Gorillas d) Wölfe

8 **Was ist an der spanischen Nationalhymne ungewöhnlich?**

Hat sie keinen Text **oder** keine Melodie?

9 **Wo kannst du Gauchos beim Viehtreiben sehen?**

a) Südafrika

b) Argentinien

c) Griechenland

1. **In einem Buch von C. S. Lewis entdecken vier Kinder den Zugang zum Land Narnia. Wo?**

   a) am Boden eines Brunnens
   b) in einer versteckten Höhle
   c) in einem Kleiderschrank

2. **Wo kann man Gletscher finden?**

   a) Jemen   b) Dubai   c) Norwegen

3. **Wo in London sind berühmte Leute als Wachsfiguren ausgestellt?**

   a) Houses of Parliament
   b) Madame Tussauds
   c) Tower of London

4. **Wie nennt man eine Ansammlung kleiner Inseln?**

   a) Archipel
   b) Golf
   c) Lagune

5 **Woher kommt Pippi Langstrumpf?**

a) England b) Schweden c) Frankreich

6 **Mit welcher Währung bezahlst du, wenn du in Frankreich etwas kaufst?**

a) Euro b) Rupien c) Kronen

7 **„Ich bin ein wuscheliges Tier mit langem Hals und hochstehenden Ohren. Und ich kann spucken!"**

Wer bin ich?

8 **Welches alte Gelände hoch in den Bergen von Peru wird als „verlorene Stadt der Inka" bezeichnet?**

a) Machu Picchu
b) Shangri La
c) Xanadu

1. **Wie heißt die längste Eisenbahnlinie der Welt, die durch ganz Russland verläuft?**
   a) Transarabische Eisenbahn
   b) Transbavarische Eisenbahn
   c) Transsibirische Eisenbahn

2. **Liegt Alaska näher an der Arktis oder der Antarktis?**

3. **Der K2 ist der zweithöchste Berg der Welt. Es ist aber viel schwieriger, ihn zu besteigen als den höchsten Berg der Welt. Wie viele Menschen sterben von jeweils 40, die es probieren?**
   a) 5 b) 10 c) 20

4 **In welchem Land leben mehr Menschen:**
in Mexiko **oder** in Spanien?

5 **Welchen dieser Bergnamen gibt es wirklich?**
Misthaufen **oder** Düngebuckel?

6 **Wie viele Brücken führen über den Amazonas?**
a) keine b) über 200 c) über 400

7 **Man spricht vom „Segeln über die ... Weltmeere". Wie viele sind es?**
a) fünf b) sieben c) neun

8 **Wie viele Millionen Dollar haben die USA im Jahr 1867 an Russland für Alaska bezahlt?**
a) 7,2 b) 72 c) 720

1 **Welches dieser Länder liegt dem Südpol am nächsten?**

a) Südafrika b) Chile c) Neuseeland

2 **Welche Stadt ist die bevölkerungsreichste der Welt?**

a) Mexiko-Stadt b) London c) Tokio

3 **Bringen Drachen in China Glück oder Unglück?**

4 **Ist Sangria ein spanisches oder ein französisches Getränk?**

5 **Der Orientexpress fuhr ursprünglich von Paris nach ...?**

a) Moskau b) Istanbul c) Kiew

6 Verbinde jedes Wort für „Boot" mit seiner Sprache:

a) лодка — 1) Griechisch
b) βάρκα — 2) Französisch
c) bateau — 3) Russisch

7 Die Samen haben über 50 Wörter für Schnee.
Richtig **oder** falsch?

8 Wie hießen die Brüder, die das erste Motorflugzeug bauten?

a) Orville und Wilbur Wright
b) Goucho und Harpo Marx
c) George und Fred Weasley

9 Was soll man angeblich erlangen, wenn man den Blarney Stone in Irland küsst?

a) Reichtum
b) Sprachgewandtheit
c) ewige Jugend

1 **Wo kannst du mit Delfinen schwimmen?**

a) Karibisches Meer b) Rotes Meer c) Ostsee

2 **Sechs Monate im Jahr scheint an den Polen durchgängig die Sonne. Was ist mit den anderen sechs Monaten?**

a) Die Sonne scheint weiter.
b) Es gibt kein Sonnenlicht.
c) Die Sonne geht nachts unter.

3 **Wie viele Bundesstaaten haben die USA?**

a) 20 b) 50 c) 65

4 **Für wen ließ Shah Jahan das riesige Grabmal Tadsch Mahal in Indien bauen?**

a) für seine Mutter
b) für seine Tochter
c) für seine Frau

5 **Ergänze den Namen des Schiffes, das die ersten Siedler von Europa nach Amerika brachte.**

M _ _ F _ _ _ _ _

6 **Der höchste Berg Afrikas ist ein riesiger Vulkan. Wie heißt er?**

a) Krakatoa

b) Kilimandscharo

c) St. Helena

7 **Was steht NICHT auf dem Speiseplan von Völkern, die im Regenwald leben?**

a) Taranteln b) Affen

c) Tausendfüßler

8 **Bringe die Geschwindigkeiten in eine Reihenfolge. Beginne mit der höchsten.**

a) 1 Meile pro Stunde

b) 1 Kilometer pro Stunde

c) 1 Knoten

9 **Welcher Ozean ist breiter:** der Atlantische **oder** der Pazifische Ozean?

33

1. **Mit welcher Währung bezahlt man in Indien?**

   a) Rupien b) Rubel c) Yen

2. **Wo kannst du Pinguine in freier Natur beobachten?**

   a) Kanada

   b) Antarktis

   c) Finnland

3. **Welcher dieser Flüsse ist NICHT in Südamerika?**

   a) Orinoco

   b) Limpopo

   c) Amazonas

4. **Stell dir vor, du feierst Silvester in London, dein Freund aber in Tokio. Wo wird das neue Jahr früher eingeläutet?**

5 **In welchem schottischen Loch (See) soll sich angeblich ein Monster verstecken?**

a) Loch Lass b) Loch Ness c) Loch Bess

6 **Befindet sich der trockenste Ort auf der Erde in der Sahara oder in der Antarktis?**

7 **Jedes Jahr werden in New Orleans und anderen Städten Mardi-Gras-Festivals veranstaltet. Was bedeutet „Mardi Gras"?**

a) Erntefest
b) Mittsommer
c) fetter Dienstag

8 **Wo tanzt man traditionsgemäß Flamenco?**

a) Spanien
b) Kuba
c) Georgien

1. **Welche Insel gehört zu Dänemark, ist aber 50-mal größer als Dänemark selbst?**

   a) Island b) Irland c) Grönland

2. **Welche Farbe haben die meisten Londoner Taxis?**

   a) Gelb b) Schwarz c) Silber

3. **Du bist auf einer verlassenen Insel gestrandet. Welches Zeichen solltest du am Strand bilden, um ein Suchflugzeug auf dich aufmerksam zu machen?**

   a) Dreieck b) Kreis c) Quadrat

4. **Wo sind die Pyramiden von Giseh?**

   a) Saudi-Arabien b) Ägypten c) Pakistan

5 **Im spanischen Buñol findet alljährlich ein Fest statt, bei dem man sich mit Lebensmitteln bewirft. Mit welchen?**

a) Eiern b) Vanilletörtchen c) Tomaten

6 **Wie wurden die schnellen Schiffe, die um die Mitte des 19. Jahrhunderts zwischen China und Europa verkehrten, genannt?**

a) Kaffeekähne
b) Teeklipper
c) Zuckerpötte

7 **Wie heißt der höchste Berg in Westeuropa?**

a) Ben Nevis b) Mont Blanc c) Snowdon

8 **Wie heißen Australiens Wildhunde?**

a) Hyänen b) Dingos c) Schakale

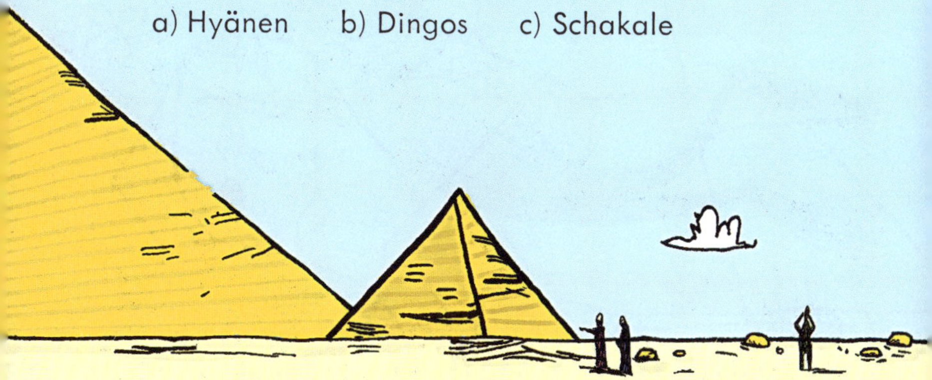

9 **Welches Tier war den alten Ägyptern heilig?**

a) Eule b) Dachs c) Katze

10 **Alaska ist der nördlichste und westlichste Bundesstaat der USA. Welcher ist der südlichste?**

a) Hawaii b) Texas c) Florida

35

1 **Wo wurde das erste Disneyland gebaut?**

a) Kalifornien b) Frankreich c) Florida

2 **In Spanien hält man nach dem Mittagessen traditionell ein Schläfchen. Wie nennt man es?**

a) Paella b) Snoora c) Siesta

3 **Welches teure Gericht (das ausschließlich aus Fischeiern besteht) findest du auf der Speisekarte in Russland?**

a) Kaviar b) Blini c) Borschtsch

4 **Wo befindet sich das Great Barrier Reef?**

a) Brasilien
b) Australien
c) Jamaika

(5) **Wie sagt man „Reise“ auf Suaheli?**

a) Trek   b) Karawane   c) Safari

(6) **Warum wird Paris manchmal auch „Stadt des Lichts“ genannt?**

a) Paris war eine der ersten Städte mit Gaslaternen.

b) Paris hat besonders viele Sonnenscheinstunden.

c) Hier findet jedes Jahr ein Kerzenfestival statt.

(7) **Welches Land hat die längste Küste der Welt?**

a) Norwegen

b) Russland

c) Kanada

(8) **Kommerzielle Düsenflugzeuge haben einen Flugschreiber, auch Black Box genannt. Welche Farbe hat dieses Gerät normalerweise?**

a) Schwarz

b) Grün

c) Orange

(9) **Astronauten können das Great Barrier Reef aus dem Weltraum sehen.**

Richtig **oder** falsch?

(10) **Der Flug von London über den Atlantik nach New York ist bekannt als die Strecke „über den großen …“**

a) See

b) Teich

c) Fluss

1. **Sieben Länder in Zentralasien enden auf „stan“: Kasachstan, Usbekistan, Turkmenistan, Pakistan, Tadschikistan, Kirgisistan und ...?**

2. **Was kannst du von der Internationalen Raumstation aus sehen?**
   Die Pyramiden von Giseh **oder** die Chinesische Mauer?

3. **Wann landete der erste Mensch auf dem Mond?**
   a) 1928 b) 1969 c) 2001

4. **Wodurch entstanden die seltsamen Steinsäulen am Giant's Causeway in Nordirland?**
   a) durch die Abkühlung heißer Lava
   b) durch die Gezeiten
   c) durch einen Hurrikan

5 **Südlich des Äquators läuft Wasser anders herum den Abfluss hinunter als nördlich des Äquators.**

Richtig **oder** falsch?

6 **Welcher Strand ist ein beliebter Strand in Sydney, Australien?**

a) Barbie Beach
b) Bondi Beach
c) Bonza Beach

7 **Wie heißt der längste Fluss der USA?**

a) Mississippi
b) Hudson
c) Rio Grande

8 **Was ist einer Legende nach unter Europas größtem Vulkan, dem Ätna in Sizilien, begraben?**

a) ein riesiges, Feuer spuckendes Monster
b) der Eingang in die Unterwelt
c) der Stein der Weisen

1. **Wo kannst du auf einem Elefanten zum Fort Amber reiten?**

   a) in Taschkent

   b) in Jaipur

   c) in Karatschi

2. **Du machst eine Fahrradtour durch Großbritannien. Auf welcher Straßenseite solltest du fahren:**

   rechts **oder** links?

3. **Welchen Fluss fahren Tom Sawyer und Huckleberry Finn in Mark Twains Roman mit dem Floß hinunter?**

   a) Colorado

   b) Rio Grande

   c) Mississippi

4. **Wie viele Sprachen gibt es ungefähr auf der Welt?**

   a) 70

   b) 700

   c) 7000

5 **Wie heißen die riesigen Wasserfälle in Nordamerika, die Charles Blondin auf Stelzen überquerte?**

N _ _ _ _ _ _ _ F _ _ _ _

6 **Regenwälder wachsen in der Nähe ...**

a) des Nordpols

b) des Südpols

c) des Äquators

7 **Beim ukrainischen Nationalgericht Borschtsch handelt es sich um ...**

a) Suppe mit Roter Bete

b) Curry mit Kartoffeln

c) Karottenkuchen

8 **Was ist der Golfstrom?**

a) eine warme Meeresströmung im Atlantischen Ozean

b) ein warmer Nordwind aus Afrika

c) ein Fluss auf Hawaii, der von einem Vulkan erwärmt wird

1 Die Sphinx ist eine riesige Skulptur. Was bewacht sie?

a) die Hängenden Gärten von Babylon
b) die Pyramiden von Giseh
c) die Terrakotta-Armee

2 Wie nennt man diese Boote in Hongkong?

a) Dschunken
b) Schleppschiffe
c) Katamarane

3 Wo befindet sich der größte Teil eines Eisbergs: unter dem Wasser **oder** über dem Wasser?

4 Auf welche Insel fahren viele Leute zum Surfen?

a) Irland b) Neufundland c) Hawaii

5 **Wie heißt der Vulkan in der Nähe von Tokio?**

a) Fuji b) Kodak c) Nikon

6 **Welches Luftfahrzeug startet senkrecht und hat Rotoren anstatt Flügel?**

a) Hovercraft
b) Segelflugzeug
c) Helikopter

7 **Welchen Fluss überquerst du, wenn du in London über die Tower Bridge gehst?**

a) Severn b) Mersey c) Themse

8 **Wo machen Menschen mit Rastalocken Musik mit Steel Pans (Stahltrommeln)?**

a) Hawaii b) Jamaika c) Fidschi

1 **Islamabad ist die Hauptstadt von ...**

a) Iran b) Pakistan c) Bangladesch

2 **Welcher Fluss trennt Mexiko von den USA?**

a) Rio Grande b) Amazonas c) McKenzie

3 **„Hakuna matata" ist ein Satz auf Suaheli, der im Film *Der König der Löwen* vorkommt. Was bedeutet er?**

a) Keine Sorge! b) Entschuldigung!

c) Ich komme wieder!

4 **Wo kannst du Wildwasserrafting betreiben?**

a) Flussmündung b) Flussdelta c) Stromschnelle

5 **In Italien am Strand sagt jemand zu dir: „I tuoi piedi puzzano di formaggio.“ Was bedeutet das?**

a) Das Wasser ist sehr warm.

b) Deine Füße riechen nach Käse.

c) Du solltest dich mit Sonnencreme einreiben.

6 **Sollen Schiffe auf dem Meer rechts oder links aneinander vorbeifahren?**

7 **Welches Land hat Grenzen mit China, den USA, Finnland und der Ukraine?**

a) Kanada

b) Russland

c) Indien

8 **In welchem Land bist du, wenn du solche Massai-Frauen siehst?**

a) Kenia

b) Argentinien

c) Japan

1 **Wo kann man KEINE Wale beobachten?**

a) Schweiz

b) Kanada

c) Südafrika

2 **Wie nennt man Japan noch?**

a) Land der aufgehenden Sonne

b) Land des gelben Mondes

c) Land des langen Grases

3 **Wo lebt ein Sechstel aller Menschen in Afrika?**

a) Sierra Leone b) Tschad c) Nigeria

4 **Wie nennt man eine übertriebene Erzählung eines Seemanns?**

a) Seemannsfaden

b) Seemannsgarn

c) Seemannsschnur

5 **Welches Wort bezeichnet in Australien einen Flussarm, der mitunter ganz austrocknet?**

a) Wallaby b) Bumerang c) Billabong

6 **Auf welcher Insel sind Lemuren zu Hause?**

a) Madagaskar b) Irland c) Grönland

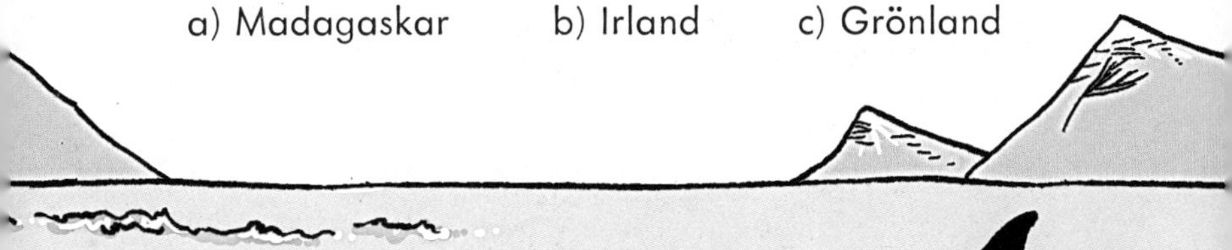

7 **Wie nennt man den schmalen Kanal zwischen Spanien und Marokko?**

a) Suezkanal
b) Beringstraße
c) Straße von Gibraltar

8 **Welcher dieser Namen ist kein echter geografischer Meeresname?**

a) Rotes Meer
b) Blaues Meer
c) Schwarzes Meer

9 **1789 fand auf einem Schiff, das den Pazifischen Ozean überquerte, eine Meuterei statt. Wie hieß das Schiff?**

a) *HMS Bounty*
b) *HMS Mars*
c) *HMS Victory*

10 **Wie nennt man Menschen, die Land- und Seekarten zeichnen?**

a) Archäologen b) Kartografen c) Geologen

1. **Welche Märchenfigur hat einen fliegenden Teppich?**

   a) Ali Baba

   b) Sindbad

   c) Aladin

2. **In welcher der folgenden Städte muss man am ehesten mit einem Erdbeben rechnen?**

   a) San Francisco b) Neu-Delhi c) Stockholm

3. **Wo kann man die Pyramiden der Azteken sehen?**

   a) Mexiko b) Kanada c) Vietnam

4. **Durch welche Stadt kommst du NICHT, wenn du an der amerikanischen Westküste entlangfährst?**

   a) Los Angeles b) New York c) San Francisco

5 Was fährt auf dem Mississippi?

a) Schleppschiff

b) Gummiboot

c) Raddampfer

6 Mit welcher Hand isst man in Indien sein Currygericht?

a) mit der linken

b) mit der rechten

7 Wo kannst du einen Tiger in freier Natur sehen?

a) Asien b) Afrika c) Europa

8 Wo befindet sich das Sydney Opera House?

a) England b) Malaysia c) Australien

9 Wie lange kann ein Kamel in der Wüste ohne Wasser auskommen?

a) 4 Monate

b) 4 Wochen

c) 4 Tage

1 **Wo sind Rotbrust-Krontauben und Goldlaubenvögel zu Hause?**

a) England b) Papua-Neuguinea c) Mongolei

2 **Wie heißt der flache Berg in der Nähe von Kapstadt in Südafrika?**

a) Tafelberg
b) Waschbrettberg
c) Schemelberg

3 **Die Flagge welchen Landes wird auch „Sternenbanner" genannt?**

a) USA b) Frankreich c) Neuseeland

4 **Welche Schiffsseite ist Backbord:**
links **oder** rechts?

5 Was würde ein Franzose höchstwahrscheinlich sagen, wenn er aus Versehen an eine Glastür rempelt?

a) „Je ne regrette rien!"

b) „Zut alors!"

c) „Merci!"

6 Welcher europäische Entdecker blieb in China und diente dem Kublai Khan?

a) Marco Polo

b) Hernán Cortés

c) Walter Raleigh

7 Wonach riecht die Rafflesie, eine Blume aus Südostasien?

a) nach Rosenkohl

b) nach Schimmelkäse

c) nach verfaultem Fleisch

1 Wo kannst du eine Aufführung mit solchen Schattenfiguren sehen?

a) Peru
b) Madagaskar
c) Indonesien

2 Wer hat die größere Wirkung auf die Gezeiten (Ebbe und Flut):
die Sonne **oder** der Mond?

3 Was ist ein Didgeridoo?

a) ein Blasinstrument
b) eine Mäuseart
c) ein australischer Ausdruck für „Entschuldigung"

4 In welchem Land feiern die Menschen das Frühlingsfest Holi und bewerfen sich dabei mit bunten Farben?

a) Afghanistan
b) Iran
c) Indien

5 **Wo stehen die Petronas-Türme?**

a) Neu-Delhi
b) Kuala Lumpur
c) Hongkong

6 **Wie viele Menschen wohnen ungefähr in Moskau?**

a) 3 Millionen
b) 11 Millionen
c) 18 Millionen

7 **Welches Land hat eine Geldmünze mit einem Loch in der Mitte?**

a) Kanada
b) Australien
c) Dänemark

8 **Wo ist der Amazonas-Regenwald?**

a) Südamerika
b) Afrika
c) Asien

1 Welche Stadt ist NICHT auf Inseln gebaut?

a) Madrid b) New York c) Venedig

2 Die Stadt mit den meisten Niederschlägen heißt Lloró und liegt im kolumbianischen Regenwald. Käme der Regen, der in einem Jahr fällt, auf einmal herunter, wie viele Stockwerke in einem Hochhaus wären dann überschwemmt?

a) ein Stockwerk b) drei Stockwerke c) fünf Stockwerke

3 Liegt Island auf der nördlichen oder der südlichen Halbkugel der Erde?

4 Was tanzen die Brasilianer beim Karneval in Rio?

a) Foxtrott
b) Tango
c) Samba

5 **Der Eiffelturm war bei seiner Fertigstellung 1889 das größte Gebäude der Welt.**

Richtig **oder** falsch?

6 **Was ist „Timbuktu"?**

a) eine Affenart

b) eine Mangoart

c) eine Stadt in Mali

7 **Woher kommt Wodka?**

a) Venezuela

b) Griechenland

c) Russland

8 **Welcher Fluss fließt durch Paris?**

a) Seine

b) Donau

c) Tiber

9 **Ist es nachts in einer Wüste heiß oder kalt?**

(1) **Unter welchem Namen ist Eldorado, die sagenumwobene Stadt tief im Amazonas-Regenwald, noch bekannt?**

a) Goldene Stadt
b) Diamantenstadt
c) Schokoladenstadt

(2) **Im antiken Griechenland und im Römischen Reich legte man den Verstorbenen eine Münze in den Mund. Sie war für den Fährmann gedacht, der die Seelen in das Reich des Todes bringen sollte. Über welchen Fluss fuhr er der Sage nach?**

a) Euphrat b) Styx c) Mekong

(3) **Von welchem Land ist Kathmandu die Hauptstadt?**

a) Senegal
b) Nepal
c) Peru

4 **Wo findet man ein Krähennest:**
in einem Heißluftballon **oder**
auf einem Segelschiff?

5 **Der Gipfel des Mount Everest ist die am weitesten vom Mittelpunkt der Erde entfernte Landspitze.**
Richtig **oder** falsch?

6 **Wie wird der Amazonas-Regenwald auch genannt?**
a) die grüne Lunge der Erde
b) das Herz der Dunkelheit
c) die grüne Göttin

7 **Welcher dieser Namen bezeichnet KEINEN echten Bundesstaat der USA?**
a) New Mexico
b) New Jersey
c) New Brunswick

8 **Nach welchem Tier wurden die Kanarischen Inseln benannt?**
a) Katze b) Hund c) Kanarienvogel

1 Wo leben mehr Menschen:

in Brasilien **oder** in Kanada?

2 Woher hat das Tal des Todes seinen Namen?

a) Es ist dort extrem heiß.
b) Es ist dort extrem kalt.
c) Es gibt dort sehr viele Tornados.

3 In der griechischen Mythologie flog Ikarus mit Flügeln, die ihm sein Vater gab. Warum stürzte er ab?

a) Er geriet in Panik, als er nach unten schaute.
b) Die Sonne brachte das Wachs, das seine Flügel zusammenhielt, zum Schmelzen.
c) Er wurde vom König der Vögel angegriffen.

4 Vervollständige den Namen dieser karibischen Insel:

K _ _ _

5 Wo befindet sich der größte aktive Vulkan der Welt?

a) Alaska b) Portugal c) Hawaii

6 **Welche Sprache wird in den meisten Ländern gesprochen?**

a) Französisch
b) Spanisch
c) Englisch

7 **Sind alle Ozeane miteinander verbunden?**

8 **In welche Richtung verlaufen die Linien, die den Breitengrad anzeigen:**
von Norden nach Süden **oder** von Osten nach Westen?

9 **In welchem osteuropäischen Land gibt es ein 700 Jahre altes Salzbergwerk mit Skulpturen, Kammern und einer Kapelle, die alle aus Salz gemeißelt sind?**

a) Weißrussland
b) Finnland
c) Polen

1. **Welches Land schenkte den USA die Freiheitsstatue?**
   a) Großbritannien
   b) Frankreich
   c) Russland

2. **Welches Gebirge trennt Spanien von Frankreich?**
   a) Alpen
   b) Rocky Mountains
   c) Pyrenäen

3. **Länder welchen Kontinents haben oft Flaggen, die rot, grün und gelb sind?**
   a) Europa
   b) Nordamerika
   c) Afrika

4. **Wo ist der Vulkan Vesuv?**
   a) Italien
   b) Jordanien
   c) Afghanistan

5 **Der Pharos von Alexandria war eins der sieben Weltwunder der Antike. Worum handelt es sich?**

a) Statue b) Bibliothek c) Leuchtturm

6 **Welches dieser Wörter ist ein Synonym für eine Großstadt?**

a) Metronome b) Metropole c) Meteorologe

7 **Wie hieß New York ursprünglich?**

a) New London b) New York c) New Amsterdam

8 **Der kürzeste kommerzielle Flug der Welt dauert weniger als zwei Minuten.**

Richtig **oder** falsch?

9 **Welches Land hat die niedrigste Geburtenrate der Welt?**

a) Vatikanstadt b) Russland c) Norwegen

10 **Stockholm ist die Haupstadt welchen Landes?**

a) Island

b) Schweiz

c) Schweden

1 **Welches Geisterschiff wurde der Sage nach dazu verdammt, für alle Ewigkeit auf dem Meer herumzusegeln?**

a) die *Morgenröte*

b) der *Fliegende Holländer*

c) die *Golden Hind*

2 **Welcher Fluss fließt durch Rom?**

a) Euphrat

b) Don

c) Tiber

3 **Wo wurde die Terrakotta-Armee ausgegraben?**

a) Japan b) China c) Thailand

4 **Wie lautet der Spitzname für einen erfahrenen Seemann?**

Seebär **oder** Seelöwe?

5 **Wie nennt man in Nordafrika einen Marktplatz?**

a) Basar b) Farrago c) Gumbo

6 **Welche dieser Städte wurde zuerst erbaut?**

a) Rom
b) Las Vegas
c) Sydney

7 **Was reiben Kletterer auf ihre Hände, um deren Griffigkeit zu erhöhen?**

a) Olivenöl
b) Magnesia
c) Klebstoff

8 **Wer erschuf Stonehenge?**

a) die alten Ägypter
b) die alten Briten
c) die alten Griechen

9 **Wo wohnen die Inuit?**

a) Afrika
b) Australien
c) Arktis

1 **Wer reiste in dem Roman von Jules Verne in 80 Tagen um die Welt?**

a) Kapitän Nemo
b) Oliver Twist
c) Phileas Fogg

2 **Welcher Sport ist Japans Nationalsport?**

a) Basketball b) Baseball c) Boxen

3 **In welchem Land ist der Kilimandscharo?**

a) Somalia b) Tansania c) Sambia

4 **Welcher kleine Fisch aus dem Amazonas kann deinen Finger mit einem Happs abbeißen?**

a) Schwertfisch
b) Zitteraal
c) Piranha

5 Wer führte die erste Segelexpedition um die Welt an, starb aber unterwegs?

a) Ferdinand Magellan
b) Christoph Kolumbus
c) Francis Drake

6 Wo kannst du Löwen in freier Wildbahn beobachten?

a) Südamerika b) Afrika c) Ozeanien

7 Mit welcher Währung bezahlt man in Mexiko?

a) Pesos b) Dollars c) Dinar

8 Im Roman *Gullivers Reisen* von Jonathan Swift kommt eine Insel vor, deren Bewohner nicht größer als Puppen sind. Wie heißt sie?

a) Lilipick b) Liliput c) Lolipot

① **Wo finden die Highland Games statt?**

a) Schottland
b) Schweden
c) Niederlande

② **Wie weit ist es von Alaska in den USA nach Russland in Asien?**

a) 4 km
b) 400 km
c) 4000 km

③ **Wo findest du Längen- und Breitengrade?**

a) an Bergwänden b) an Fischerbooten
c) auf Karten

④ **Fließen Flüsse hin zum Meer oder weg vom Meer?**

5 Wer waren die ersten Menschen auf dem Gipfel des Mount Everest?

a) Shackleton und Fiennes

b) Hillary und Tenzing

c) Morecombe und Wise

6 Verbinde das Zeichen für die Währung mit dem Land, in dem sie benutzt wird:

a) € 1) Japan

b) ¥ 2) USA

c) $ 3) Deutschland

7 Vor langer Zeit wurden solche riesigen Symbole in die Wüste gescharrt. Man nennt sie Nazca-Linien. Wo sind sie?

a) Peru b) Irak c) Namibia

1 Wo in England steht das Geburtshaus von William Shakespeare?

a) Oxford b) Portsmouth c) Stratford-upon-Avon

2 Welches Land ist größer:
Kanada **oder** die USA?

3 Ergänze die Wegbeschreibung, die Peter Pan für die Reise nach Nimmerland gibt: „Flieg einfach vorbei am zweiten Stern rechts und ...

a) dann an der Ampel links."

b) dann einmal hüpfen, springen und hopsen."

c) dann immer geradeaus bis zur Morgendämmerung."

4 Welche Währung brauchst du zum Einkaufen in Argentinien?

a) Pesos b) Rupien c) Pfund

(5) **Wo ist die Sahara?**
a) Australien b) Afrika c) Nordamerika

(6) **Wer entdeckte 1985 das Wrack der Titanic:**
James Cameron **oder** Robert Ballard?

(7) **Welches Land zieht alljährlich die meisten Touristen an?**
a) USA b) Frankreich c) Griechenland

(8) **Die Spanische Treppe befindet sich NICHT in Spanien.**
Richtig **oder** falsch?

(9) **Wohin versuchen die Hobbits Frodo und Sam in J. R. R. Tolkiens *Der Herr der Ringe* zu gelangen?**
a) Mordor b) Isengard c) Mittelerde

(10) **Wie heißt der längste italienische Fluss?**
a) Tiber b) Adige c) Po

(11) **Laut eines Sprichworts führen alle Wege ...**
nach Hause **oder** nach Rom?

(12) **Wie wurde die Hawaii-Inselkette früher auch genannt?**
a) Sandwich-Inseln
b) Pancake-Inseln
c) Taco-Inseln

Antworten

1 **1.** a **2.** a **3.** b **4.** Jolly Roger **5.** b **6.** Südosten **7.** Ja (Normalerweise sind es Kobras.) **8.** Gondel

2 **1.** c **2.** a **3.** Richtig **4.** b **5.** b (In *Die wunderbare Reise des kleinen Nils Holgersson mit den Wildgänsen* von Selma Lagerlöf) **6.** b **7.** a **8.** c **9.** c (Auf der Oberfläche des Mondes gibt es kein Wasser, aber die ersten Astronomen gingen davon aus, dass die dunkleren Flecken des Mondes Meere seien, daher der Name.) **10.** b **11.** Seemannsgrab

3 **1.** a **2.** c **3.** b **4.** c **5.** a (Die Nordsee ist ein Meer, die anderen sind Ozeane.) **6.** c **7.** a **8.** b **9.** a **10.** c (Transsilvanien ist ein Gebiet in Rumänien. Dort lebte im 15. Jahrhundert Wlad „der Pfähler", auch bekannt als Dracula, der während seiner Herrschaft unzählige Gräueltaten beging. Sansibar ist eine Inselgruppe vor der Küste Tansanias, die von Sklaventreibern und Piraten genutzt wurde. Walhalla ist in der nordischen Mythologie ein Ruheort für die Kämpfer, die in der Schlacht fielen.)

4 **1.** a (Die erste bemannte Ballonfahrt fand 1783 statt.) **2.** b (Als Wüste wird ein Ort bezeichnet, an dem es sehr selten regnet oder schneit. Die Antarktis ist der wolkenärmste Ort auf der Erde.) **3.** a **4.** c **5.** a **6.** a **7.** Mounties **8.** c **9.** b (Der See ist so groß, dass er etwa 20 % des Süßwassers der Welt enthält.)

5 **1.** b **2.** a **3.** c **4.** b (Tokio ist eine Stadt, die anderen sind Länder.) **5.** a **6.** b **7.** b, a, c **8.** b **9.** Vorne

6 **1.** Ja (Ein Passagierflugzeug wird ungefähr einmal pro Jahr vom Blitz getroffen, aber es ist so gebaut, dass es den Blitz ableitet.) **2.** Morgens und abends (wenn es kühler ist) **3.** c **4.** a **5.** a **6.** b **7.** a **8.** c **9.** c

7 **1.** c **2.** a **3.** c **4.** b **5.** Chinesische Mauer **6.** b (Er war von 1333 bis 1323 v. Chr. Pharao im alten Ägypten.) **7.** b (In Montreal spricht man hauptsächlich Französisch.) **8.** b (Nur Nordirland gehört zu Großbritannien.)

8 **1.** Türkei **2.** a **3.** c **4.** Licht (Es bewegt sich mit 1 079 252 849 km/h, Schall mit 1236 km/h.) **5.** c **6.** Freiheitsstatue **7.** b **8.** a **9.** a

9 **1.** Südpol **2.** *Titanic* **3.** b **4.** a **5.** Zurück (Wenn du von Westen nach Osten gehst, verändert sich die Uhrzeit nach „vorne". Wenn es z. B. in New York 13 Uhr ist, dann ist es in London 17 Uhr. Am östlichsten Punkt liegt die Uhrzeit 24 Stunden vor dem westlichsten Punkt. Da die Erde rund ist, sind die Uhrzeiten aber nur einen Schritt voneinander entfernt.) **6.** Nordlicht (auch *Aurora borealis* genannt) **7.** Meer (Ungefähr 70 % der Erdoberfläche ist von Wasser bedeckt.) **8.** c **9.** c

10 **1.** a **2.** b (Mit dieser Einheit wird auch die Geschwindigkeit von Schiffen gemessen.) **3.** c **4.** c **5.** c (Sie liegt in Somalia in Afrika.) **6.** b (In der freien Wildbahn leben Pandabären nur in China.) **7.** a **8.** b

11 **1.** b **2.** Biber **3.** a **4.** Ja **5.** a (Lange Zeit galt der Nil als längster Fluss der Welt. Neuesten Messungen zufolge ist es aber der Amazonas.) **6.** c **7.** Uluru (Berg in der australischen Wüste) **8.** a

12 **1.** a **2.** Ein Globus (Da die Erde nicht flach ist, verzerrt man die Größe der Länder, wenn man eine Karte der Welt auf einem Blatt Papier abbildet.) **3.** c **4.** b **5.** a **6.** a **7.** Die rechte Seite **8.** c

13 **1.** c **2.** b (Sie heißt Sagrada Família und ist berühmt für ihre Türme, die wie etwas Lebendiges aus dem Boden zu wachsen scheinen.) **3.** Falsch (Und auch sinnlos, denn wenn sie die Hälfte der Erde umrundet haben, hätten sie auch in die andere Richtung fliegen können.) **4.** c (Der Hitzerekord liegt bei 56,7 °C.) **5.** b **6.** a2, b3, c1 **7.** Westküste **8.** b **9.** b

14 **1.** a **2.** b (Lenin war der Anführer der Russischen Revolution im Jahr 1917.) **3.** Großbritannien und Frankreich **4.** New York **5.** c **6.** a **7.** b **8.** b

15 **1.** c (Die Schrift auf den Schildern ist Japanisch und Tokio ist berühmt für seine Leuchtreklame.) **2.** a **3.** Falsch (Es ist Eishockey.) **4.** c **5.** b **6.** c (Tiger leben in Asien.) **7.** c **8.** Mississippi **9.** a **10.** b

16 **1.** Ja (Diese gefährlichen Säugetiere sind so groß wie Katzen.) **2.** c **3.** b **4.** b **5.** b **6.** b **7.** Tiefseetauchgerät **8.** Richtig (Es liegt in einem gesonderten Verwaltungsdistrikt, damit kein Bundesstaat einen Vorteil daraus ziehen kann, dass sich die Hauptstadt innerhalb seiner Grenzen befindet.) **9.** c **10.** b

17 **1.** a **2.** b **3.** c **4.** b **5.** a (Sie legte am 10. April 1912 in Southampton in England ab und sank am 15. April, zwei Tage vor der geplanten Ankunft in New York.) **6.** a **7.** Olymp **8.** b

18 **1.** Fata Morgana **2.** c **3.** c **4.** a **5.** c (Das Wasser im Toten Meer hat einen so hohen Salzgehalt, dass es das Gewicht eines Menschen „tragen“ kann.) **6.** a **7.** c (Direktflug bedeutet, dass man nicht umsteigen muss, das Flugzeug kann aber zum Tanken zwischenlanden.) **8.** a (Chai ist in Indien die Bezeichnung für Tee.)

19 **1.** a **2.** Antarktika **3.** a **4.** c (Jeder Stern steht für einen amerikanischen Bundesstaat.) **5.** b (Er kam aus der ehemaligen Sowjetunion und startete am 12. April 1961 in den Weltraum.) **6.** a **7.** c **8.** b

20 **1.** b **2.** b **3.** Südpol (Der Südpol liegt in der Antarktis. Antarktika ist der höchste Kontinent der Welt, weil seine Landfläche mit einer Eisschicht bedeckt ist, die so dick ist, dass sie Berge unter sich begräbt. Aufgrund dieser Höhe ist der Südpol kälter als der Nordpol.) **4.** c (Russland ist so groß, dass die Sonne auf der einen Seite des Landes aufgeht, wenn sie auf der anderen untergeht.) **5.** b **6.** c **7.** c **8.** b

21 **1.** b **2.** c **3.** b (An den Polen geht die Sonne im Winter nie auf.) **4.** Nordpol **5.** b **6.** a **7.** b, a, c **8.** a

22 **1.** „Mein Stier ist ausgebrochen!" **2.** b **3.** Väterchen Frost **4.** c **5.** Piraten **6.** b (Es wird ungefähr so ausgesprochen: Slan–wire–puls–gwin–gill–go–ger–u–kwiern–drob–ulls–sland–us–ill–io–go–go–gok) **7.** b (Der magnetische Pol ist unter deinen Füßen. Es ist der Pol, auf den die Kompassnadel zeigt. Er liegt in der Nähe des berühmten geografischen Nordpols, verschiebt sich aber jedes Jahr ein bisschen.) **8.** c **9.** a

23 **1.** c (Sie wurde 1983 in der russischen Wetterstation Wostok gemessen.) **2.** a (Es ist nicht Russland, da es nur zum Teil in Europa liegt.) **3.** c **4.** Nein (Eisbären leben in der Arktis, Pinguine in der Antarktis.) **5.** c **6.** Wasserfall („Rauch, der donnert" nennen die Einheimischen die Victoria-Fälle in Afrika. Er ist weder der Höhe noch der Breite nach der größte Wasserfall, jedoch bildet sich hier in der Regenzeit der größte Wasservorhang der Erde.) **7.** c **8.** b **9.** c

24 **1.** a **2.** b **3.** c **4.** a **5.** c **6.** b **7.** b **8.** a

25 **1.** c **2.** b (Angeblich soll es in Roswell in New Mexiko abgestürzt und dann zur Area 51 in Nevada gebracht worden sein.) **3.** a **4.** Richtig (Dazu ein Beispiel: Martin und Hannes sind beide 25 Jahre alt. Martin fliegt in einer Rakete mit halber Lichtgeschwindigkeit zu einem Stern, der der Sonne am nächsten liegt. Wenn Martin zurückkommt, ist er 66 Jahre alt, Hannes schon 72.) **5.** b **6.** a **7.** a **8.** c

26 **1.** Süden **2.** b **3.** Heiß **4.** a **5.** Ja (Sie heißen Wasserflugzeuge.) **6.** b (In der griechischen Mythologie heißt so ein Fluss der Unterwelt.) **7.** a **8.** c **9.** Roald Amundsen (Der Kinderbuchautor Roald Dahl wurde nach ihm benannt.) **10.** c

27 **1.** a (Petra hieß im Film „Gralstempel".) **2.** c **3.** b (An der San-Andreas-Verwerfung driften die Pazifische und die Nordamerikanische Platte ganz langsam aneinander vorbei und können dabei Erdbeben verursachen.) **4.** a **5.** c **6.** c **7.** b **8.** c (Im Vatikan lebt der Papst. Der Stadtstaat liegt etwa in der Mitte der italienischen Hauptstadt Rom, ist eigenständig und wird nicht von Italien regiert.) **9.** a

28 **1.** b **2.** a **3.** Stierkämpfe **4.** a **5.** Grand Canyon **6.** b (In der Seemannssprache bedeutet Flaute so viel wie Windstille oder geringe Bewegung der Luft.) **7.** c **8.** Sie hat keinen Text. **9.** b

29 **1.** c (Aus: *Der König von Narnia*) **2.** c **3.** b **4.** a **5.** b **6.** a **7.** Lama **8.** a

30 **1.** c **2.** Arktis **3.** b **4.** Mexiko **5.** Misthaufen (Der Misthaufen ist ein 2436 m hoher Berg in Vorarlberg, Österreich.) **6.** a (Der Amazonas ist einer der längsten Flüsse der Welt, aber er fließt durch dichten Regenwald mit wenigen Straßen und Städten und wird normalerweise per Fähre überquert.) **7.** b **8.** a (Zu der Zeit galt Alaska noch als reine Eiswüste. Viele Amerikaner fanden den Preis zu hoch.)

31 **1.** b **2.** c **3.** Glück **4.** Spanisches Getränk **5.** b **6.** a3, b1, c2 **7.** Richtig (Die Samen im äußersten Norden Skandinaviens haben sogar über 300 Wörter für Schnee.) **8.** a (Der erste Flug fand 1903 statt.) **9.** b

32 **1.** a **2.** b (Während an einem Pol die Sonne ständig scheint, ist es am anderen Pol immer dunkel. Da die Erde zur Sonne hin geneigt ist, ist ein Pol der Sonne zugewandt, während der andere abgewandt ist.) **3.** b **4.** c **5.** Mayflower **6.** b **7.** c (Viele Tausendfüßler sind giftig.) **8.** c, a, b **9.** Pazifischer Ozean

33 **1.** a **2.** b **3.** b (Er ist in Afrika.) **4.** Tokio **5.** b **6.** In der Antarktis (Der trockenste, bisher bekannte Ort der Erde heißt Ridge A und liegt in über 4000 m Höhe auf dem antarktischen Plateau.) **7.** c **8.** a

34 **1.** c **2.** b **3.** a (Ein Dreieck ist ein internationales Notzeichen.) **4.** b **5.** c (Das Festival heißt La Tomatina.) **6.** b **7.** b **8.** b **9.** c (Sie hielt Ungeziefer in Schach.) **10.** a

35 **1.** a **2.** c **3.** a **4.** b **5.** c **6.** a **7.** c (Russland ist größer, aber Kanadas Küste ist wegen der vielen Inseln insgesamt länger.) **8.** c (Orange ist leichter zu finden, wenn man ein Flugzeugwrack durchsuchen muss.) **9.** Richtig **10.** b

36 **1.** Afghanistan **2.** Die Pyramiden von Giseh (Man kann sie leicht erkennen, da sie breit sind und große Schatten werfen. Es ist fast unmöglich, die Chinesische Mauer zu sehen, weil sie schmal ist und optisch mit ihrer Umgebung verschmilzt.) **3.** b **4.** a **5.** Falsch (Wasser kann überall auf der Welt in beide Richtungen den Abfluss hinunterlaufen.) **6.** b **7.** a **8.** a

37 **1.** b (Fort Amber liegt ungefähr 10 km von der Stadt Jaipur entfernt im Norden Indiens.) **2.** Links **3.** c **4.** c **5.** Niagarafälle (Charles Blondin überquerte sie auf verschiedenste Weise auf einem Seil: einmal mit verbundenen Augen, ein anderes Mal trug er seinen Manager huckepack darüber und einmal bereitete er sich in der Mitte des Seils ein Omelett zu.) **6.** c **7.** a **8.** a

38 **1.** b **2.** a **3.** Unter dem Wasser (Eisberge treiben im Meer. Nur ihre Spitze ragt aus dem Wasser heraus.) **4.** c **5.** a **6.** c **7.** c **8.** b

39 **1.** b **2.** a **3.** a **4.** c **5.** b **6.** Links **7.** b **8.** a

40 **1.** a (Die Schweiz hat keine Küste.) **2.** a **3.** c **4.** b **5.** c **6.** a **7.** c **8.** b **9.** a **10.** b

41 **1.** c **2.** a **3.** a **4.** b (New York liegt an der Ostküste.) **5.** c **6.** b (Mit der linken Hand schöpft man das Essen auf den Teller. Die rechte Hand muss sauber bleiben, da man mit ihr das Fladenbrot hält, mit dem das Essen zum Mund geführt wird.) **7.** a **8.** c **9.** b

42 **1.** b **2.** a **3.** a **4.** Links **5.** b **6.** a **7.** c (Man nennt sie auch Aas- oder Kadaverblume.)

43 **1.** c **2.** Mond **3.** a **4.** c **5.** b **6.** b **7.** c **8.** a

44 **1.** a **2.** b **3.** Auf der nördlichen Halbkugel **4.** c **5.** Richtig **6.** c **7.** c **8.** a **9.** Kalt (In Wüsten ist es normalerweise nachts kalt, da es keine Feuchtigkeit in der Luft oder Wolken am Himmel gibt, die verhindern können, dass sich die Hitze verflüchtigt.)

45 **1.** a („El Dorado" ist Spanisch und bedeutet „der Goldene". Früher gab es einen Indianerstamm, dessen Könige sich mit Goldstaub bepuderten und dann auf einen heiligen See fuhren, um ihrer Göttin Gaben zu bringen. Daraus entstand die Legende vom Goldreich. Die Einheimischen behaupteten, die sagenumwobene Stadt sei „dort drüben" in der Ferne, um die europäischen Entdecker loszuwerden.) **2.** b **3.** b **4.** Auf einem Segelschiff **5.** Falsch (Die Erde hat am Äquator einen größeren Umfang. Der Mount Everest ist zwar der höchste Punkt über dem Meeresspiegel, aber der Gipfel des Chimborazo in Ecuador ist weiter entfernt vom Mittelpunkt der Erde.) **6.** a (Die Pflanzenwelt der Region liefert 20 % des Sauerstoffs der Erde.) **7.** c (Es ist eine kanadische Provinz.) **8.** b (Der Name ist höchstwahrscheinlich auf das lateinische *canariae insulae, „Hundeinseln", zurückzuführen.* Kanarienvögel wurden nach den Inseln benannt, nicht umgekehrt.)

46 **1.** Brasilien **2.** a (Es ist so heiß, dass dort kein Lebewesen überleben würde.) **3.** b **4.** Kuba **5.** c (Er heißt Mauna Loa.) **6.** c (Englisch wird in den meisten Ländern gesprochen, aber weltweit nicht von den meisten Menschen – siehe Antwort 3 bei Quiz 5.) **7.** Ja **8.** Von Osten nach Westen **9.** c (Die Stollen sind über 300 km lang, die Touristenroute geht nur über 3,5 km.)

47 **1.** b (Die Freiheitsstatue wurde in Frankreich hergestellt und 1885 nach Amerika verschifft.) **2.** c **3.** c **4.** a **5.** c **6.** b **7.** c (Es war ursprünglich eine niederländische Siedlung, die jedoch nach dem Herzog von York umbenannt wurde, als englische Truppen die Macht ergriffen.) **8.** Richtig (zwischen Westray und Papa Westray auf den Orkney-Inseln) **9.** a (Der Stadtstaat, der Sitz der Leitung der katholischen Kirche, hat eine offizielle Geburtenrate von null.) **10.** c

48 **1.** b **2.** c **3.** b (Tausende Soldatenfiguren aus Terrakotta wurden mit dem ersten chinesischen Kaiser, Qin Shihuangdi, begraben, um ihn in seinem Leben nach dem Tod zu bewachen.) **4.** Seebär **5.** a **6.** a **7.** b **8.** b **9.** c

49 **1.** c **2.** b **3.** b **4.** c **5.** a (Er starb 1521 auf den Philippinen. Zu diesem Zeitpunkt hatte er zwei Drittel seiner Weltumsegelung geschafft.) **6.** b **7.** a **8.** b

50 **1.** a **2.** a (Der östlichste Punkt in Russland liegt ganz nah am westlichsten Zipfel Alaskas.) **3.** c **4.** Hin zum Meer **5.** b **6.** a3, b1, c2 **7.** a

51 **1.** c **2.** Kanada **3.** c (Dieses Zitat stammt aus dem Disney-Film. Im Buch heißt es: „Die zweite rechts, und dann immer geradeaus bis zum Morgen.") **4.** a **5.** b **6.** Robert Ballard (James Cameron war der Regisseur des Films *Titanic* von 1997.) **7.** b (Frankreich hat über 80 Millionen Besucher pro Jahr.) **8.** Richtig (Sie befindet sich in Rom, Italien.) **9.** a **10.** c **11.** Nach Rom **12.** a (Kapitän Cook benannte die Inseln nach dem Earl of Sandwich.)

Fragen auf dem Buchumschlag:

Wo tanzt man Flamenco? In Spanien

Wie heißt dieses Bauwerk? Tadsch Mahal

In welcher Stadt steht die Freiheitsstatue? New York

Wo sind die Pyramiden von Giseh? In Ägypten

Mit Dank an Michael Hill

Übersetzung aus dem Englischen: Andrea Reinacher und Suzy Dittmar

Redaktion der deutschen Ausgabe: Andreas Rode und Claudia Fahlbusch

Satz der deutschen Ausgabe: Carolin Günther